AF337897

27

L. n 1844.

Conserver la Couverture

1873

ALLOCUTION

PRONONCÉE

PAR MGR ÉPIVENT, ÉVÊQUE D'AIRE,

dans l'Église Métropolitaine d'Auch,

POUR LE SERVICE

DE MONSEIGNEUR DE SALINIS

LE 21 MARS 1861.

Moriatur anima mea morte justorum.
(Num. xxiii. 10.)

AUCH

TYP. DE J.-A. PORTES, IMPRIMEUR DE L'ARCHEVÊCHE.

—

1861

ALLOCUTION

DÉPÔT LÉGAL
Gers
N.° 398
186.

PRONONCÉE

Par Mgr EPIVENT, Évêque d'Aire,

dans l'Église Métropolitaine d'Auch,

POUR LE SERVICE

DE MONSEIGNEUR DE SALINIS,

le-21 mars 1861.

Moriatur anima mea morte justorum.
(Num. xxiii. 10.)

N'êtes-vous pas frappés comme moi, Mes Frères, de la différence qui existe entre l'imposante cérémonie qui nous rassemblait, il y a six semaines, autour d'un cercueil, et celle qui nous réunit aujourd'hui près d'un tombeau? Il y a six semaines, c'était le prince de la hiérarchie ecclésiastique que les Évêques de la province étaient venus, tous sans exception, vénérer par leur assistance à ses obsèques; c'était le chef de tout le diocèse à qui les prêtres et les fidèles payaient de concert un tribut d'amour et de reconnaissance; c'était l'homme placé à un rang élevé parmi les hommes distingués de l'Église et de la patrie qu'honoraient par leur présence les représentants des divers pouvoirs. Tous, sans doute, ont ajouté à leur hommage, ce

1861

qui le rend surtout précieux, le sentiment vrai de leur estime, de leur affection, de leurs regrets.

Aujourd'hui, Mes Frères, je vois bien ici les mêmes assistants, les mêmes âmes avec leurs pensées, les mêmes cœurs avec leurs souvenirs, les mêmes yeux avec leurs larmes; mais je ne vois plus ce déploiement de pompe qui, dans tous les temps et chez tous les peuples, a relevé par son éclat les funérailles des grands hommes. Je ne vois ici qu'une grande famille chrétienne réunie près de la tombe d'un père pour lui demander les enseignements qu'elle en attend, et que goûtent si bien les attendrissements de la piété, le recueillement de la tristesse, le silence de la douleur.

Mais que vous dire, Mes Très-Chers Frères, pour répondre à votre attente? Tout semble déjà avoir été dit, écrit et publié sur la vie et sur la mort d'*Illustrissime et Révérendissime Seigneur* ANTOINE DE SALINIS, en son vivant Archevêque de la ville et province d'Auch. Vous avez entendu la parole d'un Évêque (1) écrite sur des souvenirs et inspirée par une amitié de quarante ans. Il vous a raconté avec son cœur cette belle vie qui fut si longtemps liée avec la sienne. Il vous a montré l'enfant du Béarn, le brillant élève du collége d'Aire, le lévite du séminaire, le catéchiste de Saint-Sulpice, l'aumônier du lycée, l'instituteur d'une admirable jeunesse, le savant maître, le pieux prêtre et l'éminent

____

(1) Mgr Gerbet, Évêque de Perpignan.

archevêque. Dans toutes ces positions diverses, il vous a dépeint Mgr de Salinis toujours plein de cette candeur aimable, fidèle compagne d'un cœur pur, et comme armé de ce charme de manières, de cette séduction de langage qui lui gagnait si vite les cœurs. Vous avez entendu ensuite son digne élève et comme son fils, vous parler avec amour de la foi, de l'humilité, de la charité sous toutes ses formes du saint Prélat (1), et ces vertus qui brillaient comme des astres au firmament de votre Église n'avaient pas besoin d'être justifiées à des yeux offusqués par le nouvel éclat d'un zèle apostolique auquel ils n'étaient pas habitués. Que reste-t-il donc à glaner après cette riche moisson d'éloges, et comment, pèlerin inconnu, ai-je osé monter dans cette chaire? Mes Frères, je n'en sais rien. On m'a tant dit et redit : Les Évêques accourus aux funérailles s'en sont tous retournés, et vous, ami de la onzième heure, vous êtes revenu seul prier avec nous. Si noblesse oblige, dignité oblige, vous êtes le seul Évêque de l'assemblée, et cette assemblée veut qu'une dernière parole se mêle à cette religieuse cérémonie. Vous ne pouvez la refuser. Monseigneur vous aimait, et, vous aussi, vous l'aimiez. Il vous accueillit avec la tendresse d'un père et sa famille même vous reste attachée. Vous n'avez pas oublié sans doute les premiers parents que vous avez bénis dans ces contrées, les premiers enfants que vous

(1) Circulaire au clergé et aux fidèles du Diocèse d'Auch, par M. de Ladoue, Vicaire capitulaire.

avez caressés et ce parfum du ciel que vous respirâtes avec Sa Grandeur dans un sanctuaire de vertus. Vous n'êtes plus même un étranger pour cette ville; vous avez inauguré déjà des relations qui honorent avec l'élite de la société auscitaine. Naguère encore, au jour des obsèques, une angélique hospitalité vous fut donnée avec tous les égards du respect, avec toute la noblesse des sentiments, avec toutes les grâces de la bonté. Votre cœur, vos souvenirs et notre attente, tout vous presse, tout vous implore : vous parlerez.

Eh bien ! parlons puisque tant de voix nous l'ordonnent. Jetons une dernière fleur, la plus humble de toutes les fleurs, sur cette tombe déjà fermée. Causons ensemble des traits touchants recueillis dans un récit aussi intéressant que son titre est modeste : *Simples notes* (1). Ces détails vous les connaissez mieux que moi, M. F.; mais il y a consolation pour des enfants à repasser ensemble les derniers moments, les dernières paroles d'un père ; ces paroles des moments suprêmes sont plus attendrissantes, plus instructives, plus propres à faire des impressions durables. Il ne s'agit pas ici d'un discours, encore moins d'une oraison funèbre. Il suffit d'un mot venu du cœur pour déposer dans vos âmes la consolation, l'édification, de grands souvenirs et des résolutions saintes.

C'est un aveu bien frappant, M. F., pour tous ceux qui sont blessés dans leurs affections les plus chères.

(1) Monseigneur de Salinis dans sa dernière maladie. — Simples notes — par M. l'abbé Canéto.

que celui qui est fait par la science pour expliquer la cause de la maladie qui nous a ravi Mgr de Salinis; c'est que, à dater du jour où, pour obéir au Souverain-Pontife, Mgr quitta son premier diocèse, il fut blessé au cœur. A partir de cette époque, cette plaie du cœur prit une existence et des proportions qui la rendirent incurable. Mgr apporta donc ici, dans son sein, le germe du mal, et, au risque de le développer, durant le Carême de 1858, il prêcha tous les dimanches, dans son Église Métropolitaine. Il vous redisait ses savantes conférences qui avaient déjà produit les heureux fruits qu'ils produisirent parmi vous, et dont la lecture, il faut l'espérer, en fera naître de nouveaux encore. Malgré les apparences d'un état normal, des symptômes inquiétants venaient parfois révéler la lésion organique, et cependant les paroles de l'Archevêque respiraient la même affection; ses sentiments la même tendresse. On goûtait tant de bonheur à être avec-lui; sa présence répandait une aussi bonne odeur de Jésus-Christ; son esprit et surtout son cœur exhalaient un si doux parfum de suavité, que jamais rien ne retraçait en lui les tristesses d'une santé chancelante. Il nous semblait à tous que ce n'était pas une illusion de notre amour qui nous faisait espérer de parcourir encore avec lui une partie de notre carrière, et que nous posséderions longtemps celui en qui nous trouvions les plus précieux souvenirs du passé, les plus douces consolations du présent. Lamentable déception ! Il avait beau aller, chaque année, chercher la guérison dans les plus riants sites des montagnes qui avaient abrité son berceau et enchanté son enfance, le mal un instant écarté, ou plutôt refoulé, reparaissait bientôt à sa place et revenait lui étreindre de nouveau le cœur. Nous l'avons rencontré, dans la dernière saison, demandant à des sources salutaires, aux derniers soleils de l'été, aux premières brises de l'automne, la santé et la vie qui, sourdes à toutes les prières, s'enfuyaient à pas précipités. Pourtant Mgr nous semblait renaître dans la compagnie de ses visiteurs, dans la société de prêtres intimes, d'un frère unique et tant aimé; environné et comme enveloppé des soins les plus intelligents et les plus affectueux.

Dans un voyage qui suivit de près cette saison des eaux, une crise alarmante vint constater que le mal faisait des progrès, et que la mort peut-être ne tarderait pas à frapper son dernier coup. Depuis le retour de Mgr parmi vous, M. F., la vie ne fut plus pour lui qu'une longue chaîne de douleurs et pour nous qu'une pénible alternative de craintes et d'espérances. Au dernier jour de l'année qu'a remplacée celle où nous sommes, les portes de son palais ne s'ouvrirent pas aussi larges qu'à l'ordinaire devant les flots pressés de ses prêtres et des nombreux visiteurs qui venaient à pareil jour lui offrir leurs vœux et recevoir en retour une bonne parole. Aussi, M. F., malgré les douces émotions que la première aurore de chaque année ramène dans les cœurs, tout était morne dans vos familles, tout était sombre dans votre ville.

Dieu avait frappé le pasteur, et les brebis du troupeau semblaient déja dispersées (Matth. xxvi. 31.)

Cependant, le mal, qui avait son siége dans une région inaccessible, ne pouvait être conjuré par les soins les plus intelligents, par les plus persévérants efforts ; et néanmoins à chaque retour d'un mieux apparent, comme tous les cœurs se reportaient vers l'espérance, comme toutes les âmes priaient à l'envi pour obtenir un miracle ! Et, il faut bien le dire aussi, car il y a là tout un enseignement, comme le malade se persuadait aisément qu'une affection de ce genre, malgré les douleurs, n'était pas incompatible avec l'existence ! Ainsi donc marche la maladie d'un pas égal pour tous , M. F.; ainsi vient la mort toujours à l'improviste comme Jésus-Christ l'avait prédit pour tous les hommes, sans exception. Oh ! qu'il est vrai de dire avec l'orateur sacré *que nous ne sommes rien !* Nous avons peine à accepter l'oracle le plus formel de l'Évangile, qui s'accomplit chaque jour sous nos yeux, que l'heure de la mort est incertaine, ou plutôt qu'elle est certaine : c'est l'heure à laquelle nous ne pensons pas ; et, pour les plus belles âmes , comme pour les autres, *la vérité de Dieu demeure éternellement.* (Psalm. cxvi. 2). *Quâ horâ non putatis.* (Luc xii. 40.)

Il faut donc que cette âme d'Évêque, pourtant si pure , soit façonnée encore dans le creuset des cuisantes douleurs ; il faut que les profondes racines qui l'attachent à la terre soient brisées l'une après

l'autre, afin que la mort qui approche la trouve pleine de force et de majesté. Dieu lui fera cette grâce, M. F. Les souffrances, qu'un Saint appelait les miséricordes du Seigneur, reviennent plus vives et plus menaçantes ; le mal redouble ses secousses; l'arbre ne tient presque plus à la terre. Alors toute illusion s'évanouit enfin, et pendant que le corps du Pontife est flagellé sur le Calvaire, son âme se transfigure dans les splendeurs du Thabor. C'est sous cette forme transfigurée qu'il vous apparut à tous, vénérables Prêtres quand, en l'avertissant du danger, vous l'entendîtes vous répondre : *Je me mets à votre disposition, je vous confie les intérêts de mon âme ; de grâce ne me ménagez pas.* A cette parole, et sur sa demande, Jésus-Christ sort de son tabernacle pour visiter son Pontife. Le bourdon, du haut du beffroi, laisse tomber des glas funèbres comme de grosses larmes, sur toute la ville, et Dieu seul connaît, M. F., toutes les pensées, tous les souvenirs que ce tintement lugubre réveilla dans toutes les âmes, dans toutes les demeures et jusqu'au fond de la chambre où reposait l'auguste malade. Quand l'athlète eut retrempé ses forces dans le calice eucharistique, comme il eût voulu parler aux assistants, leur exprimer son amour, son amour pour tous, car pour tous, il n'eut jamais que de l'amour ! Avec quelle humilité, à l'exemple des plus grands Saints, il implore un pardon qui ne rappelle dans les âmes que le souvenir de nombreux bienfaits, sans aucune offense !

Il venait de professer sa foi, ainsi que la Sainte Église l'exige de ses Ministres avant qu'ils reçoivent le Saint-Viatique ; mais sitôt après la cérémonie, il ajoute à sa profession le témoignage de son dévouement à l'Église, à la papauté. Ce sentiment, vous le savez, M. F., a dominé toute sa vie, et c'est lui encore que l'on retrouve dans chacun des derniers actes qui ont fermé son ministère. Quelle était la dernière ligne qu'il écrivait il y a un an dans l'intrépide ouvrage qu'il composa pour la défense du pouvoir temporel du Saint-Siége ? *Nous défions les ennemis du Pape de le haïr autant que nous l'aimons.* Quel a été, à la fête de Saint Pierre, le sujet qu'il traita devant nous dans cette chaire, où il n'est pas, que je sache, monté depuis ? Encore l'Église et son Chef, leurs épreuves et leurs triomphes. Pourquoi, tout malade qu'il était, a-t-il voulu écrire lui-même la dernière Lettre-Circulaire qu'il envoyait à tous ses Prêtres et à tous ses fidèles ? C'était pour leur parler des détresses de Pie IX et pour recommander un père malheureux à la charité de ses enfants. De tous les travaux de sa vie, quel est celui qu'il regarde, à la lueur certaine du flambleau de la mort, comme étant le plus précieux et lui donnant le plus d'assurance ? Ce sont les luttes qu'il avait soutenues avec un autre lui-même dont il serrait alors la main (1), et qui avaient pour but de rapprocher de Rome ceux qui s'en étaient éloignés. Quelle est la

Mᵍʳ Doncy, évêque de Montauban.

plus douce consolation qui lui reste, quand toutes les autres l'abandonnent? C'est la pensée que sa vie entière n'a été qu'un acte de foi et de foi surtout dans la chaire de Pierre. Quelle est enfin la recommandation dernière qu'il répète sans cesse, comme Saint Jean répétait la sienne avant de mourir : « Mes enfants, aimez bien le Pape. »

Venez maintenant couronner une vie si dévouée, bénédiction de Pie IX! Elle arrive sur un rayon de foudre ; et quand, après un sage délai, elle est annoncée au mourant : « *Quel bonheur, dit-il, en portant la main à son front; je la désirais beaucoup, mais je n'avais pas osé la demander.* »

Après cela, fils aimant et si aimé de l'Eglise, comme le saint vieillard Siméon béni par l'Enfant-Jésus, fermez les yeux à tous les objets créés ; dites à Dieu, comme lui, de laisser aller son serviteur en paix ; ajoutez même avec le Sauveur : *Tout est consommé.* Oui, tout est consommé pour vous ici-bas. L'huile sainte vous a fortifié pour le dernier combat et la Religion vous a récité sa prière des agonisants, comme une mère qui chante un air monotone à l'enfant qui s'endort ; tout le diocèse est en prière, en pleurs et dans une attente solennelle; vous êtes entouré de vos parents, de vos amis, de tous les insignes de votre dignité, de tous les objets de votre piété. Vous avez pu dire un dernier adieu à vos Prêtres les plus intimes, au Doyen de votre Chapitre, à un Magistrat affectionné qui pleure comme un fils. L'une de vos dernières bénédictions est tombée sur des têtes d'ange qui vous sont bien chères et sur leurs parents bien aimés. Vous n'avez oublié personne, pas même vos fidèles serviteurs que vous mentionnez dans vos recommandations de bon maître. L'heure de l'agonie va sonner ; mais vous avez à votre chevet cet ami de près d'un demi siècle, qui vous accompagnera aussi loin que possible vers la frontière de l'Éternité ; vous avez Pie IX dont la grande figure vient de vous apparaître, qui tiendra levés sur vous jusqu'à la fin les trois doigts qui bénissent la ville et le monde. Mourez donc en paix, avec Jésus-Christ que vous venez encore de recevoir, dans la pensée de son Sacrifice qu'on vient d'offrir devant vous, et qui vous retrace si bien le vôtre, entre les bras de Marie qui, comme l'assure votre espoir en Elle, *fera l'appoint de vos misères.* Par pitié, par amour pour vous j'oserai même vous en conjurer ; ne tardez pas à mourir. Vos yeux, en se fermant, contemplent sans doute le vaisseau de l'Église au milieu d'une mer en furie, le pilote sur le tillac, la main toujours ferme au gouvernail, le Roi-Pontife découronné, dépouillé, non par ses sujets, mais par d'autres enfants dénaturés. Pourtant ce qui vous attriste à votre mort est peu en comparaison de ce qui va venir. Quelques jours seulement de vie de plus, et vous, l'éloquent défenseur *de toute puissance qui vient de Dieu ;* vous qui, par amour pour la Religion, pour l'Église, pour la Patrie, aviez en quelque sorte catholicisé une question souveraine par votre thèse si solide sur le Pouvoir, vous auriez vu le constant objet de votre foi et de votre amour, Pie IX, traité d'ingrat et d'obstiné pour avoir voulu sauver du naufrage les seuls principes qui soutiennent les trônes et les nations ; vous auriez entendu les dévouements qui ont fait battre votre cœur, comme celui de tant d'autres, méconnus, calomniés, blasphémés ; le zèle des Évêques pour la défense de l'Église accusé d'esprit de parti et leur amour pour son chef de conjuration avec le *prince même de la paix* (Isa. IX 65) contre la prétendue liberté des peuples. Ah! pour nous résigner à tant d'outrages immérités, nous avons besoin, ô doux Pontife, de nous ressouvenir de toute votre mansuétude, image de celle de Jésus-Christ et de son Vicaire. *Memento omnis mansuetudinis ejus.* (Psalm. cxxxi).

Dieu, M. F., a épargné à votre Archevêque cette goutte du calice de la Passion, la plus amère au cœur de Pie IX, des Évêques et des Fidèles. Cette goutte de fiel et d'absinthe, tombée de si haut, l'eût achevé sans doute. Et y aurait-il même témérité à conjecturer que le drame sacrilège qui se déroulait sous ses yeux a pu réagir sur la nature de son affection, comme on l'a déjà soupçonné tout haut de Nosseigneurs de Nevers et de Périgueux, dont l'Église de France pleure aussi la perte? Quoi qu'il en soit, il est mort, et le bruit des sanglots excités par son trépas, s'en est allé de la chambre mortuaire, répété comme en échos, dans cette ville, dans ce diocèse, dans la France , dans toute l'Église et jusqu'au fond du palais apostolique à Rome, où gémit un père qui aimait tant ce fils si dévoué ; il est mort, et, malgré votre deuil, M. F., l'aspect de son cercueil ne vous a plus montré que le triomphe du juste, et sa dépouille mortelle que les reliques d'un protecteur de plus au ciel. Quand, en effet, le convoi funèbre parcourait lentement vos rues, des foules immenses se pressaient sur son passage comme pour exprimer un dernier adieu ou pour recevoir une bénédiction dernière. Oui, vous serez bénis à jamais pour cet hommage rendu à votre père bien aimé, hommage qui se manifeste sous tant de formes. Que de couronnes déjà sont déposées, que de prières faites à la chapelle de votre Vierge thaumaturge, que le mourant, par confiance en Elle, avait désignée pour y dormir son sommeil de la tombe ! Que de monuments déjà projetés, que de témoignages décernés à la mémoire de Mgr de Salinis par la ville, par le département, par les établissements, par tout le diocèse ! Tous les organes de la publicité, vos assemblées de charité, de science, de l'industrie, vos jeunes [écrivains au cœur aimant, à l'âme catholique, vos pensées, vos souvenirs, vos entretiens, tout concourt parmi vous à réaliser une fois de plus cette parole de nos livres saints : Que le nom du juste restera en mémoire éternelle. *In memoriâ æternâ erit justus.* (Psalm. CXI. 7)

Finissons, Mes Frères, ces épanchements intimes que vous recueillez avec une si religieuse attention, bien qu'ils ne vous offrent d'autre intérêt que celui qu'y attache votre amour filial ; mais finissons en tirant de ce complément des funérailles les graves enseignements qui en découlent. Songeons que, pour nous aussi, bientôt, il ne restera que le sépulcre (Job, XVII. 1) ; que tout croulera sous nos pieds chancelants, tout s'échappera de nos mains glacées, hormis nos œuvres bonnes ou mauvaises, qui nous suivront dans le grand voyage *d'où l'on ne revient plus* (Job, X. 21.) Vous êtes entrés dans le carême sous les auspices de la mort d'un Saint, et vous parlez toujours avec éloge de l'apostolat de ses salons. Eh bien donc ! en ce temps consacré au devoir paschal, montrez l'efficacité de cette prédication que votre Évêque continue encore parmi vous, tout mort qu'il est. Souvenez-vous de celui qui vous a annoncé la parole de Dieu et imitez-le (Hæbr. XIII. 7.) Soyez comme lui inébranlable dans la foi et les observances, persévérants dans la charité et les œuvres, constants dans votre amour pour l'Église et le Pape « qui est tout un » (St-François de Sales.) Ecoutez ce bon jugement que prononce la mort, suivant le sage (Eccli. XLI. 3), pendant qu'une mort tant pleurée vous enveloppppe encore de ses crêpes et de ses ombres. Mais hâtez-vous ; car la nuit funèbre va bientôt finir. Ne voyez-vous pas déjà à l'horizon l'aube du jour qui commence à poindre ? N'apercevez-vous pas le *prince des pasteurs* (Petri, v. 4), qui sera toujours avec vous par son épiscopat immortel, s'apprêtant à ressusciter votre Pontife dans la personne de son successeur ? N'avez-vous pas entendu déjà les choses consolantes que la renommée publie au loin du nouvel élu dont le nouveau prédestiné aura obtenu le choix au ciel pour première grâce demandée en faveur de sa chère Église ? Hâtez-vous, car c'est une vérité aussi vieille que le monde, qu'il est humiliant d'avouer, M. F. : les morts s'oublient bien vîte; et l'année qui doit être inscrite sur ce marbre funéraire ne sera pas toute écoulée que les regrets inspirés à tous par cette fosse quand elle s'ouvrit, seront déjà passés pour plusieurs à l'état de souvenirs. Encore quelques années, et le temps recouvrira cette pierre elle-même de son coloris verdâtre, l'oubli y tamisera sa poussière, et le monument du grand Archevêque ne sera plus aux yeux de la génération renouvelée qu'un monument historique, un monument du désert.

Mais pour nous tous qui vous avons intimement connu, ô aimable seigneur de Salinis, le temps efface-rait plutôt votre nom et vos titres sur la pierre usée, que votre souvenir gravé dans nos cœurs. Ce souvenir nous soutiendra dans le chemin de la vie ; il nous reviendra au bout de la carrière, et chacun de nous alors le dira, moi surtout, qui aurai un compte sem-blable à rendre, sans avoir pour contre-poids dans la balance vos mérites et vos vertus, je me dirai en songeant à vous : Que je meure de la mort de ce juste-là, et j'aurai l'assurance de le rejoindre pour jamais au ciel. Ainsi soit-il.

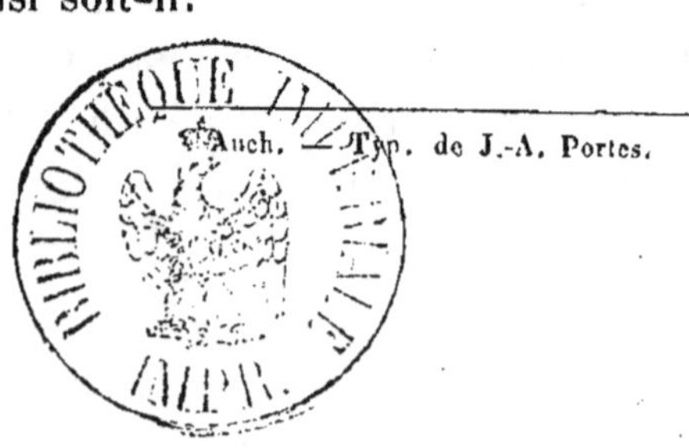

Auch. — Typ. de J.-A. Portes.

www.ingramcontent.com/pod-product-compliance
Lightning Source LLC
Chambersburg PA
CBHW060052090726
47597CB00012B/3690